הורים יקרים,
הספר לפניכם מסדרת 'כל האל"ף-בי"ת שלי' נועד לעזור לילדים בגיל הרך (טרום לימוד קריאה) לזהות אותיות במילים ומשפטים, ותוך כדי גם להעשיר את עולם ילדכם בעוד מימד של לימוד ה- א"ב.

הספר זמין כספר פיסי או אלקטרוני באמזון www.amazon.com/dp/1946575100

מה מיוחד בספר הזה?
בחרתי כאן לקשר בין האותיות ובין החיות ששמן מתחיל באותה אות. זאת ע"י תיאור קצר של כל חיה, ותמונה אמיתית של החיה. שילוב של שפה וזואולוגיה לגיל הרך. הספר מתאים לילדים מגיל 0 ועד לגיל שבו הם כבר לומדים לקרוא מילים שלמות. אז הם יכולים לקרוא את הספר לאחים / אחיות הקטנים שלהם.
בחרתי גופן נעים, בגודל נוח לילדים, ומרווח נוסף בין האותיות על מנת להקל על זיהוי האותיות. בראש כל עמוד יש את האות הרלוונטית ולמטה שם החיה עם האות הראשונה מוגדלת ומודגשת.

איך להשתמש בספר?
מכיוון שמבנה הספר הוא בחרוזים, כתיאור של טיול לגן חיות, הייתי ממליץ לחבר מנגינה לתיאור של כל אות / חיה. בפעמים הראשונות זו תהיה קריאה סטטית. אחר כך ילדכם כבר יצטרך להגיד את שם החיה בכל עמוד. ואחרי עוד מספר קריאות, לומר את האות הראשונה של כל חיה. תנו להם לזהות אותיות וגם תשאלו אותם עוד שאלות על החיות.

תודה לאיריס ישראלי (iris.edit1@gmail.com) על ההגהה והעצות המועילות.

קריאה מהנה,
אילן ריינר

לכל הערות, תגובות, בקשות והצעות - אנא פנו אליי ל- ilan.creative@gmail.com

אילן ריינר
גן חיות של אותיות

Ilan Reiner
Animal Zoo of Letters

ISBN-10: 1-946575-10-0
ISBN-13: 978-1-946575-10-4

כל הזכויות שמורות למחבר התשע"ו © 2016 All rights reserved

אין לשכפל, להעתיק, לצלם, להקליט, לבצע בפומבי, לתרגם, לאחסן במאגר מידע, לשדר או לקלוט בכל דרך או אמצעי - בין אלקטרוני, אופטי מכני או אחר - את החומר שבספר הזה או חלק ממנו. שימוש מסחרי בכל סוג שהוא בחומר הכלול בספר זה או בחלק ממנו אסור בהחלט אלא ברשות מפורשת מהמחבר שניתן מראש ובכתב.

כֶּבֶשׂ מַתְחִיל בָּאוֹת כ

קוֹף מַתְחִיל בָּאוֹת ק

טָלֶה מַתְחִיל בָּאוֹת ט

תַּנִּין מַתְחִיל בָּאוֹת ת

אֵיזֶה כֵּיף הָיָה הַטִּיּוּל הַיּוֹם

וְעַד שֶׁנִּפָּגֵשׁ שׁוּב - הֱיוּ שָׁלוֹם!

IMAGES COURTESY OF PIXABAY

אֵיזֶה יוֹם עָמוּס בַּחֲוָיוֹת
לָמַדְתִּי הָמוֹן עַל חַיּוֹת וְאוֹתִיּוֹת

יֵשׁ חַיּוֹת שֶׁנִּשְׁמָעוֹת כְּאִילּוּ הֵן מַתְחִילוֹת בְּאוֹת זֵהָה
אֲבָל לְמַעֲשֶׂה זוֹ בִּכְלָל לֹא אוֹתָהּ הָאוֹת הָרִאשׁוֹנָה

עַקְרָב מַתְחִיל בָּאוֹת ע

אַרְנָב מַתְחִיל בָּאוֹת א

IMAGES COURTESY OF PIXABAY

ת

עַל הַבֵּיצִים הִיא דּוֹגֶרֶת
אוֹ סְתָם הוֹלֶכֶת וּמְקַרְקֶרֶת

נְבָטִים וְגַרְעִינִים לָרוֹב אוֹכֶלֶת
זֹאת חַיָּה שֶׁמַּתְחִילָה בָּאוֹת **ת** וּשְׁמָהּ

תַּרְנְגוֹלֶת

IMAGE COURTESY OF KINDERSAY.COM

נִרְאֶה כְּמוֹ פָּרָה אֲבָל יֵשׁ לוֹ קַרְנַיִם

מְאֹד חָזָק וְלוֹעֵס עֵשֶׂב בַּשִׁינַיִם

חוֹרֵשׁ כָּל הַיוֹם אֶת הַשָׂדֶה בַּמִּישׁוֹר

תִּרְאוּ חַיָּה שֶׁמַּתְחִילָה בָּאוֹת שׁ וּשְׁמָהּ

ש

שי"ן

שׁוֹר

IMAGE COURTESY OF KINDERSAY.COM

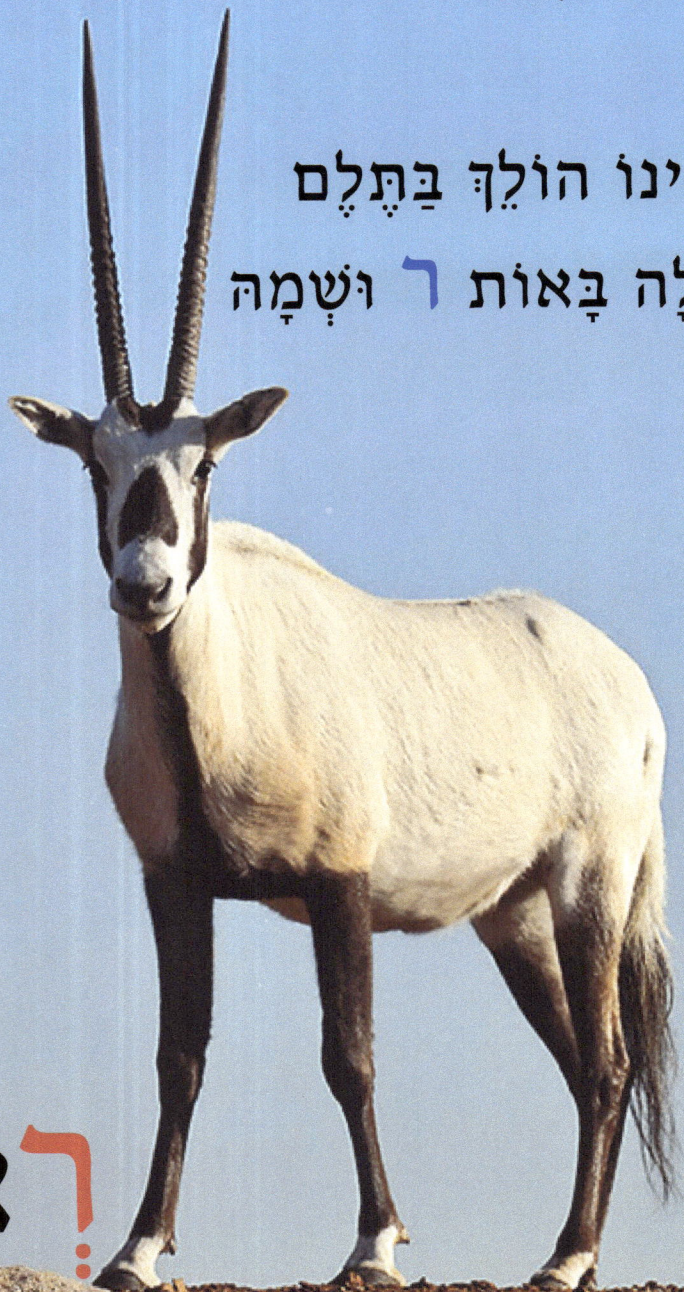

ר

רֵי"שׁ

יֵשׁ לוֹ זוּג קַרְנַיִם אֲרֻכּוֹת וְחַדּוֹת

יֵשׁ לוֹ רַגְלַיִם חֲזָקוֹת וּמְהִירוֹת

חַי לְיַד הַמִּדְבָּר וְאֵינוֹ הוֹלֵךְ בַּתֶּלֶם

הִנֵּה חַיָּה שֶׁמַּתְחִילָה בָּאוֹת ר וּשְׁמָהּ

רְאֵם

IMAGE COURTESY OF TIBOR JÄGER (PHOTO.NET)

ק

קו"ף

גָּדוֹל וְחָזָק מְאֹד, וְיֵשׁ לוֹ שִׁרְיוֹן קָשִׁיחַ
שׁוֹמֵעַ מְצוּיָּן וְכָל דָּבָר מֵרִיחַ

יֵשׁ לוֹ קֶרֶן גְּדוֹלָה וְעָבָה מֵעַל לָאַף
זֹאת חַיָּה שֶׁמַּתְחִילָה בָּאוֹת ק וּשְׁמָהּ

IMAGE COURTESY OF GD08 (DEVIANTART.COM)

קַרְנַף

צ

הוֹלֵךְ לְאַט-לְאַט צַעַד אַחַר צַעַד
אַךְ בְּסוֹפוֹ שֶׁל יוֹם הוּא יַגִּיעַ לַיַּעַד

יֵשׁ לוֹ בַּיִת עֲנָק עַל הַגַּב
תִּרְאוּ חַיָּה שֶׁמַּתְחִילָה בָּאוֹת צ וּשְׁמָהּ

צָב

IMAGE COURTESY OF JONATHAN ZANDER (WIKIMEDIA COMMONS)

פ

טָם-טָם-טָם נִשְׁמָעִים הַצְּעָדִים הָעֲנָקִיִּים
תִּרְאוּ אֶת הַחֶדֶק הָאָרֹךְ וְאֶת הָאָזְנַיִם!

כָּזֶה גָּדוֹל, אַךְ עָדִין וּבְוַדַּאי אֵינוֹ מַבְהִיל,
הִנֵּה חַיָּה שֶׁמַּתְחִילָה בָּאוֹת פּ וּשְׁמָהּ

פִּיל

IMAGE COURTESY OF VARIETY-STOCK (DEVIANTART.COM)

ע

מִי זֶה רָץ בֵּין הַסְּדָקִים וּלְתוֹךְ מְחִלּוֹת?
פַּרְוָתוֹ בְּהִירָה וְרַגְלָיו קְטַנּוֹת וּמְהִירוֹת

מְרַחְרֵחַ בְּאַפּוֹ וּמְחַפֵּשׂ גְּבִינָה בְּכָל מָקוֹם צַר
זֹאת חַיָּה שֶׁמַּתְחִילָה בָּאוֹת ע וּשְׁמָהּ

עַכְבָּר

IMAGE COURTESY OF GEORGE SHUKLIN (WEKIMEDIA COMMONS)

ס

חַיָּה אֲצִילִית שֶׁעָלֶיהָ אֶרְכַּב וְאֶדְהַר
רָצָה בַּבִּקְעָה וְטָסָה בָּהָר

לַחוֹפֶשׁ בַּמֶּרְחָבִים דּוֹהֶרֶת לְלֹא הִסּוּס
תִּרְאוּ חַיָּה שֶׁמַּתְחִילָה בָּאוֹת ס וּשְׁמָהּ

סוּס

IMAGE COURTESY OF PIXABAY

נ
נו"ן

יֵשׁ לָהּ שֵׁשׁ רַגְלַיִם וְהִיא מְאֹד חֲזָקָה
עוֹבֶדֶת יַחְדָּו עִם כָּל הַמִּשְׁפָּחָה

כָּל הַיּוֹם טוֹרַחַת וְעֲמֵלָה
הִנֵּה חַיָּה שֶׁמַּתְחִילָה בָּאוֹת נ וּשְׁמָהּ

IMAGE COURTESY OF PIXABAY

נְמָלָה

מ

הוֹלֵךְ עַל הָאֲדָמָה בִּצְעָדִים קְטַנִּים
אוֹכֵל עָלִים יְרֻקִּים וְכָל מִינֵי עֲשָׂבִים

מְעַנְיֵן כַּמָּה זוּגוֹת גַּרְבַּיִם וְזוּגוֹת נַעֲלַיִם
יֵשׁ לַחַיָּה שֶׁמַּתְחִילָה בָּאוֹת מ וּשְׁמָהּ

מַרְבֵּה רַגְלַיִם

IMAGE COURTESY OF JJRON (WIKIMEDIA COMMONS)

ל

הוּא עֲנָק וְגָדוֹל מִכָּל שְׁאַר הַחַיּוֹת
לוֹקֵחַ אֲוִיר וְאָז שׂוֹחֶה בַּמְּצוּלוֹת

בַּיָּם הַגָּדוֹל אֵין אֶחָד כָּמוֹהוּ שַׂחְיָן
תִּרְאוּ חַיָּה שֶׁמַּתְחִילָה בָּאוֹת ל וּשְׁמָהּ

לִוְיָתָן

IMAGE COURTESY OF PIXABAY

כ

קוֹפֵץ, מְלַקֵּק וּמְכַשְׁכֵּשׁ בַּזָּנָב
מְרַחְרֵחַ, מְלַקֵּק וְנוֹבֵחַ הַב-הַב

הוּא חָבֵר נֶאֱמָן וְאוֹהֵב מִכָּל הַלֵּב
הִנֵּה חַיָּה שֶׁמַּתְחִילָה בָּאוֹת כ וּשְׁמָהּ

כֶּלֶב

IMAGE COURTESY OF PIXABAY

פּוֹרֶשֶׂת לָהּ כְּנָפַיִם וְעָפָה לַמֶּרְחַקִּים

אַךְ תָּמִיד חוֹזֶרֶת לִדְאוֹג לַגּוֹזָלִים

צִפּוֹר קְטַנָּה, מְהִירָה וַאֲמִינָה

זֹאת חַיָּה שֶׁמַּתְחִילָה בָּאוֹת י וּשְׁמָהּ

י

יו"ד

יוֹנָה

IMAGE COURTESY OF HTTP://IMAGENS.US/

צִפּוֹר שֶׁלֹּא יְכוֹלָה לָעוּף בֵּין הָעֲנָנִים

עִם נוֹצוֹת יָפוֹת בְּכָל מִינֵי צְבָעִים

מִתְהַלֵּךְ וְרַק בְּעַצְמוֹ מְרֻכָּז

תִּרְאוּ חַיָּה שֶׁמַּתְחִילָה בָּאוֹת ט וּשְׁמָהּ

ט

ט"ית

טַוָּוס

IMAGE COURTESY OF JIRON (WIKIMEDIA COMMONS)

ח

מְיַלֵּל מִיָאו-מִיָאו וְשׁוֹתֶה חָלָב חַם
וְתָמִיד יִמְצָא מָקוֹם לְהִתְכַּרְבֵּל פֹּה אוֹ שָׁם

קוֹפֵץ מֵהַכִּסֵּא לְסַפַּת הָעוֹר מִמּוּל
הִנֵּה חַיָּה שֶׁמַּתְחִילָה בָּאוֹת ח וּשְׁמָהּ

חָתוּל

IMAGE COURTESY OF GEORGE HODAN (PUBLICDOMAINPICTURES.NET)

ז

זי"ן

עִם שִׁינַּיִם חָדּוֹת וּפַרְוָה אֲפֹרָה
הֵם חַיִּים יַחַד כְּמִשְׁפָּחָה גְּדוֹלָה

הוֹלְכִים לָנוּחַ לְעֵת עֶרֶב
זֹאת חַיָּה שֶׁמַּתְחִילָה בָּאוֹת ז וּשְׁמָהּ

זְאֵב

IMAGE COURTESY OF CECILE BLOCH (WIKIMEDIA COMMONS)

ו
ו"ו

פוֹחֶדֶת מְאֹד מִכָּל רַעַשׁ שֶׁהִיא שׁוֹמַעַת
רָצָה מַהֵר מְאֹד וּמִכָּל סַכָּנָה בּוֹרַחַת

פַּרְוָתָהּ חֲמָה-צְהַבְהַבָּה וּמְאֹד יְקָרָה
תִּרְאוּ חַיָּה שֶׁמַּתְחִילָה בָּאוֹת ו וּשְׁמָהּ

IMAGE COURTESY OF PIXABAY

וִיקוּנְיָה

ה

יֵשׁ לוֹ גוּף גָּדוֹל וְרַגְלַיִם קְטַנּוֹת
נִקְרָא גַּם סוּס יְאוֹר אוֹ בְּהֵמוֹת

נִמְצָא הַרְבֵּה בַּמַּיִם בַּנָּהָר אוֹ בָּאֲגַם
הִנֵּה חַיָּה שֶׁמַּתְחִילָה בָּאוֹת ה וּשְׁמָהּ

הִיפּוֹפּוֹטָם

IMAGE COURTESY OF MICHA L. RIESER (WIKIMEDIA COMMONS)

כָּל הַחוֹרֶף נוּם נוּם נוּם נוּם

וּבַקַּיִץ קוּם קוּם קוּם קוּם

אוֹהֵב לִזְלוֹל דְּבַשׁ טָעִים וְזָהֹב

זֹאת חַיָּה שֶׁמַּתְחִילָה בָּאוֹת ד וּשְׁמָהּ

ד
דל"ת

דֹּב

IMAGE COURTESY OF PIXABAY

ג

הוּא עוֹמֵד בְּשֶׁקֶט עַל אַרְבַּע רַגְלַיִם
וְלֹא מַפְסִיק לִשְׁתּוֹת הַרְבֵּה מַיִם

עִם דַּבֶּשֶׁת גְּדוֹלָה כְּמוֹ הָר
תִּרְאוּ חַיָּה שֶׁמַּתְחִילָה בָּאוֹת ג וּשְׁמָהּ

גָּמָל

IMAGE COURTESY OF JJRON (WIKIMEDIA COMMONS)

ב

הוֹלֵךְ עַל הַדֶּשֶׁא וְשׂוֹחֶה בַּמַּיִם

וְהִנֵּה הוּא פּוֹרֵשׂ זוּג כְּנָפַיִם

דָּג טָעִים בַּמָּקוֹר הוּא תָּפַס

הִנֵּה חַיָּה שֶׁמַּתְחִילָה בָּאוֹת ב וּשְׁמָהּ

בַּרְוָז

IMAGE COURTESY OF KAPA65 (WIKIMEDIA COMMONS)

א

רָאִינוּ מִיָּד אֶת הַחַיָּה הָרִאשׁוֹנָה
עַל הָעֵשֶׂב הָרַךְ עוֹמֶדֶת זְקוּפָה

עִם פַּרְוָה וְרַעֲמָה - אֵיזֶה מַרְאֶה!
זֹאת חַיָּה שֶׁמַּתְחִילָה בָּאוֹת א וּשְׁמָהּ

אַרְיֵה

IMAGE COURTESY OF MUHAMMADUF

בְּיוֹם אֲבִיבִי בָּהִיר אֶחָד

יָצָאנוּ כֻּלָּנוּ לְטִיּוּל מְיֻחָד

הָלַכְנוּ לִרְאוֹת אוֹתִיּוֹת נִפְלָאוֹת

בְּגַן חַיּוֹת שֶׁל אוֹתִיּוֹת.

שָׁם, בֵּין הָעֵצִים לַפְּרָחִים

וּבֵין סְלָעִים וּנְחָלִים

יֶשְׁנָן הֲמוֹן-הֲמוֹן אוֹתִיּוֹת

שֶׁנִּרְאוֹת מַמָּשׁ כְּמוֹ חַיּוֹת.

IMAGE COURTESY OF STIG NYGAARD (WIKIMEDIA COMMONS)

www.ingramcontent.com/pod-product-compliance
Lightning Source LLC
Chambersburg PA
CBHW040023050426
42452CB00002B/103
* 9 7 8 1 9 4 6 5 7 5 1 0 4 *